A
B
C
D
E

F
G
H
I
J

K
L
M
N
O

P
Q
R
S
T

U
V
W
X
Y
Z

name _____ AVRIL _____

address _____

home phone _01273 730126_____ mobile _____

email _____

name _____ ASH _____

address _____

home phone _____ mobile _0061 04 90660 525_

email _____

name _____

address _____

home phone _____ mobile _____

email _____

name _____

address _____

home phone _____ mobile _____

email _____

name _____

address _____

home phone _____ mobile _____

email _____

Hand-coloured illustration of *Chrysanthemum* 'Starry Purple Chinese' drawn and engraved by William Clark (fl.1820s), 1826

A

name _____
address _____
_____
home phone _____ mobile _____
email _____

name _____
address _____
_____
home phone _____ mobile _____
email _____

name _____
address _____
_____
home phone _____ mobile _____
email _____

name _____
address _____
_____
home phone _____ mobile _____
email _____

name _____
address _____
_____
home phone _____ mobile _____
email _____

A

name _____
address _____
_____

home phone _____ mobile _____
email _____

name _____
address _____
_____

home phone _____ mobile _____
email _____

name _____
address _____
_____

home phone _____ mobile _____
email _____

name _____
address _____
_____

home phone _____ mobile _____
email _____

name _____
address _____
_____

home phone _____ mobile _____
email _____

A

name _____

address _____

_____

home phone _____ mobile _____

email _____

name _____

address _____

_____

home phone _____ mobile _____

email _____

name _____

address _____

_____

home phone _____ mobile _____

email _____

name _____

address _____

_____

home phone _____ mobile _____

email _____

name _____

address _____

_____

home phone _____ mobile _____

email _____

A

name _____
address _____
_____
home phone _____ mobile _____
email _____

name _____
address _____
_____
home phone _____ mobile _____
email _____

name _____
address _____
_____
home phone _____ mobile _____
email _____

name _____
address _____
_____
home phone _____ mobile _____
email _____

name _____
address _____
_____
home phone _____ mobile _____
email _____

B

name _____
address _____
_____
home phone _____ mobile _____
email _____

name _____
address _____
_____
home phone _____ mobile _____
email _____

name _____
address _____
_____
home phone _____ mobile _____
email _____

name _____
address _____
_____
home phone _____ mobile _____
email _____

name _____
address _____
_____
home phone _____ mobile _____
email _____

B

name _____

address _____

_____

home phone _____ mobile _____

email _____

name _____

address _____

_____

home phone _____ mobile _____

email _____

name _____

address _____

_____

home phone _____ mobile _____

email _____

name _____

address _____

_____

home phone _____ mobile _____

email _____

name _____

address _____

_____

home phone _____ mobile _____

email _____

B

name _____

address _____

_____

home phone _____ mobile _____

email _____

name _____

address _____

_____

home phone _____ mobile _____

email _____

name _____

address _____

_____

home phone _____ mobile _____

email _____

name _____

address _____

_____

home phone _____ mobile _____

email _____

name _____

address _____

_____

home phone _____ mobile _____

email _____

B

name _____
address _____
_____
home phone _____ mobile _____
email _____

name _____
address _____
_____
home phone _____ mobile _____
email _____

name _____
address _____
_____
home phone _____ mobile _____
email _____

name _____
address _____
_____
home phone _____ mobile _____
email _____

name _____
address _____
_____
home phone _____ mobile _____
email _____

B

name _____

address _____

_____

home phone _____ mobile _____

email _____

name _____

address _____

_____

home phone _____ mobile _____

email _____

name _____

address _____

_____

home phone _____ mobile _____

email _____

name _____

address _____

_____

home phone _____ mobile _____

email _____

name _____

address _____

_____

home phone _____ mobile _____

email _____

Watercolour of *Punica granatum* (pomegranate) blossom and leaves by an unidentified Chinese artist, early 19th century

C

name _____
address _____
_____
home phone _____ mobile _____
email _____

name _____
address _____
_____
home phone _____ mobile _____
email _____

name _____
address _____
_____
home phone _____ mobile _____
email _____

name _____
address _____
_____
home phone _____ mobile _____
email _____

name _____
address _____
_____
home phone _____ mobile _____
email _____

C

name _____
address _____
_____
home phone _____ mobile _____
email _____

name _____
address _____
_____
home phone _____ mobile _____
email _____

name _____
address _____
_____
home phone _____ mobile _____
email _____

name _____
address _____
_____
home phone _____ mobile _____
email _____

name _____
address _____
_____
home phone _____ mobile _____
email _____

C

name _____

address _____

_____

home phone _____ mobile _____

email _____

name _____

address _____

_____

home phone _____ mobile _____

email _____

name _____

address _____

_____

home phone _____ mobile _____

email _____

name _____

address _____

_____

home phone _____ mobile _____

email _____

name _____

address _____

_____

home phone _____ mobile _____

email _____

name _____

address _____

_____

home phone _____ mobile _____

email _____

name _____

address _____

_____

home phone _____ mobile _____

email _____

name _____

address _____

_____

home phone _____ mobile _____

email _____

name _____

address _____

_____

home phone _____ mobile _____

email _____

name _____

address _____

_____

home phone _____ mobile _____

email _____

D

name _____

address _____

_____

home phone _____ mobile _____

email _____

name _____

address _____

_____

home phone _____ mobile _____

email _____

name _____

address _____

_____

home phone _____ mobile _____

email _____

name _____

address _____

_____

home phone _____ mobile _____

email _____

name _____

address _____

_____

home phone _____ mobile _____

email _____

name __DOCTOR__
address _____

home phone __01273 431031__ mobile _____
email _____

name __DENTIST__
address _____

home phone __01273 417781__ mobile _____
email _____

name _____
address _____

home phone _____ mobile _____
email _____

name _____
address _____

home phone _____ mobile _____
email _____

name _____
address _____

home phone _____ mobile _____
email _____

D

name _____

address _____

_____

home phone _____ mobile _____

email _____

name _____

address _____

_____

home phone _____ mobile _____

email _____

name _____

address _____

_____

home phone _____ mobile _____

email _____

name _____

address _____

_____

home phone _____ mobile _____

email _____

name _____

address _____

_____

home phone _____ mobile _____

email _____

D

name _____
address _____
_____
home phone _____ mobile _____
email _____

name _____
address _____
_____
home phone _____ mobile _____
email _____

name _____
address _____
_____
home phone _____ mobile _____
email _____

name _____
address _____
_____
home phone _____ mobile _____
email _____

name _____
address _____
_____
home phone _____ mobile _____
email _____

E

name _____

address _____

_____

home phone _____ mobile _____

email _____

name _____

address _____

_____

home phone _____ mobile _____

email _____

name _____

address _____

_____

home phone _____ mobile _____

email _____

name _____

address _____

_____

home phone _____ mobile _____

email _____

name _____

address _____

_____

home phone _____ mobile _____

email _____

E

name ELECTRICITY POWER CUT

address

home phone 105   mobile

email

name

address

home phone   mobile

email

name

address

home phone   mobile

email

name

address

home phone   mobile

email

name

address

home phone   mobile

email

E

name _____
address _____
_____
home phone _____ mobile _____
email _____

name _____
address _____
_____
home phone _____ mobile _____
email _____

name _____
address _____
_____
home phone _____ mobile _____
email _____

name _____
address _____
_____
home phone _____ mobile _____
email _____

name _____
address _____
_____
home phone _____ mobile _____
email _____

E

name _____

address _____

_____

home phone _____ mobile _____

email _____

name _____

address _____

_____

home phone _____ mobile _____

email _____

name _____

address _____

_____

home phone _____ mobile _____

email _____

name _____

address _____

_____

home phone _____ mobile _____

email _____

name _____

address _____

_____

home phone _____ mobile _____

email _____

F

name _____
address _____
_____
home phone _____ mobile _____
email _____

name _____
address _____
_____
home phone _____ mobile _____
email _____

name _____
address _____
_____
home phone _____ mobile _____
email _____

name _____
address _____
_____
home phone _____ mobile _____
email _____

name _____
address _____
_____
home phone _____ mobile _____
email _____

Watercolour on rice paper of plant identified as *Campsis grandiflora* by anonymous Chinese artist, 19th century

F

name _____

address _____

_____

home phone _____ mobile _____

email _____

name _____

address _____

_____

home phone _____ mobile _____

email _____

name _____

address _____

_____

home phone _____ mobile _____

email _____

name _____

address _____

_____

home phone _____ mobile _____

email _____

name _____

address _____

_____

home phone _____ mobile _____

email _____

F

name _____
address _____
_____
home phone _____ mobile _____
email _____

name _____
address _____
_____
home phone _____ mobile _____
email _____

name _____
address _____
_____
home phone _____ mobile _____
email _____

name _____
address _____
_____
home phone _____ mobile _____
email _____

name _____
address _____
_____
home phone _____ mobile _____
email _____

F

name _____

address _____

_____

home phone _____ mobile _____

email _____

name _____

address _____

_____

home phone _____ mobile _____

email _____

name _____

address _____

_____

home phone _____ mobile _____

email _____

name _____

address _____

_____

home phone _____ mobile _____

email _____

name _____

address _____

_____

home phone _____ mobile _____

email _____

F

name _____
address _____
_____
home phone _____ mobile _____
email _____

name _____
address _____
_____
home phone _____ mobile _____
email _____

name _____
address _____
_____
home phone _____ mobile _____
email _____

name _____
address _____
_____
home phone _____ mobile _____
email _____

name _____
address _____
_____
home phone _____ mobile _____
email _____

G

name _____

address _____

_____

home phone _____ mobile _____

email _____

name _____

address _____

_____

home phone _____ mobile _____

email _____

name _____

address _____

_____

home phone _____ mobile _____

email _____

name _____

address _____

_____

home phone _____ mobile _____

email _____

name _____

address _____

_____

home phone _____ mobile _____

email _____

name GAS EMERGENCY

address

home phone 0800 111 999 mobile

email

name Gemma

address

home phone mobile 0775 628815

email

name

address

home phone mobile

email

name

address

home phone mobile

email

name

address

home phone mobile

email

G

name _____

address _____

_____

home phone _____ mobile _____

email _____

name _____

address _____

_____

home phone _____ mobile _____

email _____

name _____

address _____

_____

home phone _____ mobile _____

email _____

name _____

address _____

_____

home phone _____ mobile _____

email _____

name _____

address _____

_____

home phone _____ mobile _____

email _____

name _____

address _____

_____

home phone _____ mobile _____

email _____

name _____

address _____

_____

home phone _____ mobile _____

email _____

name _____

address _____

_____

home phone _____ mobile _____

email _____

name _____

address _____

_____

home phone _____ mobile _____

email _____

name _____

address _____

_____

home phone _____ mobile _____

email _____

H

name _____

address _____

_____

home phone _____ mobile _____

email _____

name _____

address _____

_____

home phone _____ mobile _____

email _____

name _____

address _____

_____

home phone _____ mobile _____

email _____

name _____

address _____

_____

home phone _____ mobile _____

email _____

name _____

address _____

_____

home phone _____ mobile _____

email _____

H

name _____

address _____

_____

home phone _____ mobile _____

email _____

name _____

address _____

_____

home phone _____ mobile _____

email _____

name _____

address _____

_____

home phone _____ mobile _____

email _____

name _____

address _____

_____

home phone _____ mobile _____

email _____

name _____

address _____

_____

home phone _____ mobile _____

email _____

H

name _____

address _____

_____

home phone _____ mobile _____

email _____

name _____

address _____

_____

home phone _____ mobile _____

email _____

name _____

address _____

_____

home phone _____ mobile _____

email _____

name _____

address _____

_____

home phone _____ mobile _____

email _____

name _____

address _____

_____

home phone _____ mobile _____

email _____

Watercolour on rice paper of plant identified as *Dombeya actangula* by anonymous Chinese artist, circa 1900

H

name _____

address _____

_____

home phone _____ mobile _____

email _____

name _____

address _____

_____

home phone _____ mobile _____

email _____

name _____

address _____

_____

home phone _____ mobile _____

email _____

name _____

address _____

_____

home phone _____ mobile _____

email _____

name _____

address _____

_____

home phone _____ mobile _____

email _____

H

name _____

address _____

_____

home phone _____ mobile _____

email _____

name _____

address _____

_____

home phone _____ mobile _____

email _____

name _____

address _____

_____

home phone _____ mobile _____

email _____

name _____

address _____

_____

home phone _____ mobile _____

email _____

name _____

address _____

_____

home phone _____ mobile _____

email _____

name _____

address _____

_____

home phone _____ mobile _____

email _____

name _____

address _____

_____

home phone _____ mobile _____

email _____

name _____

address _____

_____

home phone _____ mobile _____

email _____

name _____

address _____

_____

home phone _____ mobile _____

email _____

name _____

address _____

_____

home phone _____ mobile _____

email _____

name _____

address _____

_____

home phone _____ mobile _____

email _____

name _____

address _____

_____

home phone _____ mobile _____

email _____

name _____

address _____

_____

home phone _____ mobile _____

email _____

name _____

address _____

_____

home phone _____ mobile _____

email _____

name _____

address _____

_____

home phone _____ mobile _____

email _____

I

name _____

address _____

_____

home phone _____ mobile _____

email _____

name _____

address _____

_____

home phone _____ mobile _____

email _____

name _____

address _____

_____

home phone _____ mobile _____

email _____

name _____

address _____

_____

home phone _____ mobile _____

email _____

name _____

address _____

_____

home phone _____ mobile _____

email _____

name _____

address _____

_____

home phone _____ mobile _____

email _____

name _____

address _____

_____

home phone _____ mobile _____

email _____

name _____

address _____

_____

home phone _____ mobile _____

email _____

name _____

address _____

_____

home phone _____ mobile _____

email _____

name _____

address _____

_____

home phone _____ mobile _____

email _____

J

name _____

address _____

_____

home phone _____ mobile _____

email _____

name _____

address _____

_____

home phone _____ mobile _____

email _____

name _____

address _____

_____

home phone _____ mobile _____

email _____

name _____

address _____

_____

home phone _____ mobile _____

email _____

name _____

address _____

_____

home phone _____ mobile _____

email _____

J

name _____
address _____
_____
home phone _____ mobile _____
email _____

name _____
address _____
_____
home phone _____ mobile _____
email _____

name _____
address _____
_____
home phone _____ mobile _____
email _____

name _____
address _____
_____
home phone _____ mobile _____
email _____

name _____
address _____
_____
home phone _____ mobile _____
email _____

J

name _____

address _____

_____

home phone _____ mobile _____

email _____

name _____

address _____

_____

home phone _____ mobile _____

email _____

name _____

address _____

_____

home phone _____ mobile _____

email _____

name _____

address _____

_____

home phone _____ mobile _____

email _____

name _____

address _____

_____

home phone _____ mobile _____

email _____

J

name _____
address _____
_____
home phone _____ mobile _____
email _____

name _____
address _____
_____
home phone _____ mobile _____
email _____

name _____
address _____
_____
home phone _____ mobile _____
email _____

name _____
address _____
_____
home phone _____ mobile _____
email _____

name _____
address _____
_____
home phone _____ mobile _____
email _____

K

name _____ KAREN _____

address _____

home phone _01273 945 961_ mobile _075 36 98 27 05_

email _____

name _____

address _____

home phone _____ mobile _____

email _____

name _____

address _____

home phone _____ mobile _____

email _____

name _____

address _____

home phone _____ mobile _____

email _____

name _____

address _____

home phone _____ mobile _____

email _____

Watercolour of *Rosa multiflora*. This work is one of eight studies by an unidentified Chinese artist, early 19th century

K

name _____

address _____

_____

home phone _____ mobile _____

email _____

name _____

address _____

_____

home phone _____ mobile _____

email _____

name _____

address _____

_____

home phone _____ mobile _____

email _____

name _____

address _____

_____

home phone _____ mobile _____

email _____

name _____

address _____

_____

home phone _____ mobile _____

email _____

K

name _____
address _____
_____
home phone _____ mobile _____
email _____

name _____
address _____
_____
home phone _____ mobile _____
email _____

name _____
address _____
_____
home phone _____ mobile _____
email _____

name _____
address _____
_____
home phone _____ mobile _____
email _____

name _____
address _____
_____
home phone _____ mobile _____
email _____

L

name _____

address _____

_____

home phone _____ mobile _____

email _____

name _____

address _____

_____

home phone _____ mobile _____

email _____

name _____

address _____

_____

home phone _____ mobile _____

email _____

name _____

address _____

_____

home phone _____ mobile _____

email _____

name _____

address _____

_____

home phone _____ mobile _____

email _____

L

name _____

address _____

_____

home phone _____ mobile _____

email _____

name _____

address _____

_____

home phone _____ mobile _____

email _____

name _____

address _____

_____

home phone _____ mobile _____

email _____

name _____

address _____

_____

home phone _____ mobile _____

email _____

name _____

address _____

_____

home phone _____ mobile _____

email _____

L

name _____

address _____

_____

home phone _____ mobile _____

email _____

name _____

address _____

_____

home phone _____ mobile _____

email _____

name _____

address _____

_____

home phone _____ mobile _____

email _____

name _____

address _____

_____

home phone _____ mobile _____

email _____

name _____

address _____

_____

home phone _____ mobile _____

email _____

L

name _____
address _____
_____
home phone _____ mobile _____
email _____

name _____
address _____
_____
home phone _____ mobile _____
email _____

name _____
address _____
_____
home phone _____ mobile _____
email _____

name _____
address _____
_____
home phone _____ mobile _____
email _____

name _____
address _____
_____
home phone _____ mobile _____
email _____

L

name _____

address _____

_____

home phone _____ mobile _____

email _____

name _____

address _____

_____

home phone _____ mobile _____

email _____

name _____

address _____

_____

home phone _____ mobile _____

email _____

name _____

address _____

_____

home phone _____ mobile _____

email _____

name _____

address _____

_____

home phone _____ mobile _____

email _____

L

name _____

address _____

_____

home phone _____ mobile _____

email _____

name _____

address _____

_____

home phone _____ mobile _____

email _____

name _____

address _____

_____

home phone _____ mobile _____

email _____

name _____

address _____

_____

home phone _____ mobile _____

email _____

name _____

address _____

_____

home phone _____ mobile _____

email _____

M

name _____

address _____

_____

home phone _____ mobile _____

email _____

name _____

address _____

_____

home phone _____ mobile _____

email _____

name _____

address _____

_____

home phone _____ mobile _____

email _____

name _____

address _____

_____

home phone _____ mobile _____

email _____

name _____

address _____

_____

home phone _____ mobile _____

email _____

M

name _____ MEL _____

address _____

home phone _____ mobile _075 257 55982_

email _____

name _____

address _____

home phone _____ mobile _____

email _____

name _____

address _____

home phone _____ mobile _____

email _____

name _____

address _____

home phone _____ mobile _____

email _____

name _____

address _____

home phone _____ mobile _____

email _____

M

name _____

address _____

_____

home phone _____ mobile _____

email _____

name _____

address _____

_____

home phone _____ mobile _____

email _____

name _____

address _____

_____

home phone _____ mobile _____

email _____

name _____

address _____

_____

home phone _____ mobile _____

email _____

name _____

address _____

_____

home phone _____ mobile _____

email _____

M

name _____

address _____

_____

home phone _____ mobile _____

email _____

name _____

address _____

_____

home phone _____ mobile _____

email _____

name _____

address _____

_____

home phone _____ mobile _____

email _____

name _____

address _____

_____

home phone _____ mobile _____

email _____

name _____

address _____

_____

home phone _____ mobile _____

email _____

M

name _____
address _____
_____
home phone _____ mobile _____
email _____

name _____
address _____
_____
home phone _____ mobile _____
email _____

name _____
address _____
_____
home phone _____ mobile _____
email _____

name _____
address _____
_____
home phone _____ mobile _____
email _____

name _____
address _____
_____
home phone _____ mobile _____
email _____

Watercolour of *Hypericum* 'Rowallane' by Graham Stuart Thomas, pre 1987

N

name _____

address _____

_____

home phone _____ mobile _____

email _____

name _____

address _____

_____

home phone _____ mobile _____

email _____

name _____

address _____

_____

home phone _____ mobile _____

email _____

name _____

address _____

_____

home phone _____ mobile _____

email _____

name _____

address _____

_____

home phone _____ mobile _____

email _____

name _____

address _____

_____

home phone _____ mobile _____

email _____

name _____

address _____

_____

home phone _____ mobile _____

email _____

name _____

address _____

_____

home phone _____ mobile _____

email _____

name _____

address _____

_____

home phone _____ mobile _____

email _____

name _____

address _____

_____

home phone _____ mobile _____

email _____

N

name _____

address _____

_____

home phone _____ mobile _____

email _____

name _____

address _____

_____

home phone _____ mobile _____

email _____

name _____

address _____

_____

home phone _____ mobile _____

email _____

name _____

address _____

_____

home phone _____ mobile _____

email _____

name _____

address _____

_____

home phone _____ mobile _____

email _____

N

name _____

address _____

_____

home phone _____ mobile _____

email _____

name _____

address _____

_____

home phone _____ mobile _____

email _____

name _____

address _____

_____

home phone _____ mobile _____

email _____

name _____

address _____

_____

home phone _____ mobile _____

email _____

name _____

address _____

_____

home phone _____ mobile _____

email _____

name _____

address _____

_____

home phone _____ mobile _____

email _____

name _____

address _____

_____

home phone _____ mobile _____

email _____

name _____

address _____

_____

home phone _____ mobile _____

email _____

name _____

address _____

_____

home phone _____ mobile _____

email _____

name _____

address _____

_____

home phone _____ mobile _____

email _____

name _____

address _____

_____

home phone _____ mobile _____

email _____

name _____

address _____

_____

home phone _____ mobile _____

email _____

name _____

address _____

_____

home phone _____ mobile _____

email _____

name _____

address _____

_____

home phone _____ mobile _____

email _____

name _____

address _____

_____

home phone _____ mobile _____

email _____

name _____
address _____
_____
home phone _____ mobile _____
email _____

name _____
address _____
_____
home phone _____ mobile _____
email _____

name _____
address _____
_____
home phone _____ mobile _____
email _____

name _____
address _____
_____
home phone _____ mobile _____
email _____

name _____
address _____
_____
home phone _____ mobile _____
email _____

name _____

address _____

_____

home phone _____ mobile _____

email _____

name _____

address _____

_____

home phone _____ mobile _____

email _____

name _____

address _____

_____

home phone _____ mobile _____

email _____

name _____

address _____

_____

home phone _____ mobile _____

email _____

name _____

address _____

_____

home phone _____ mobile _____

email _____

P

name _____

address _____

_____

home phone _____ mobile _____

email _____

name _____

address _____

_____

home phone _____ mobile _____

email _____

name _____

address _____

_____

home phone _____ mobile _____

email _____

name _____

address _____

_____

home phone _____ mobile _____

email _____

name _____

address _____

_____

home phone _____ mobile _____

email _____

Watercolour on paper of *Allamanda setulosa*, by Gerrit Carl Francois Schouten (1779-1839), 1832

P

name _____

address _____

_____

home phone _____ mobile _____

email _____

name _____

address _____

_____

home phone _____ mobile _____

email _____

name _____

address _____

_____

home phone _____ mobile _____

email _____

name _____

address _____

_____

home phone _____ mobile _____

email _____

name _____

address _____

_____

home phone _____ mobile _____

email _____

P

name _____
address _____
_____
home phone _____ mobile _____
email _____

name _____
address _____
_____
home phone _____ mobile _____
email _____

name _____
address _____
_____
home phone _____ mobile _____
email _____

name _____
address _____
_____
home phone _____ mobile _____
email _____

name _____
address _____
_____
home phone _____ mobile _____
email _____

P

name _____

address _____

_____

home phone _____ mobile _____

email _____

name _____

address _____

_____

home phone _____ mobile _____

email _____

name _____

address _____

_____

home phone _____ mobile _____

email _____

name _____

address _____

_____

home phone _____ mobile _____

email _____

name _____

address _____

_____

home phone _____ mobile _____

email _____

P

name _____
address _____
_____
home phone _____ mobile _____
email _____

name _____
address _____
_____
home phone _____ mobile _____
email _____

name _____
address _____
_____
home phone _____ mobile _____
email _____

name _____
address _____
_____
home phone _____ mobile _____
email _____

name _____
address _____
_____
home phone _____ mobile _____
email _____

name _____

address _____

_____

home phone _____ mobile _____

email _____

name _____

address _____

_____

home phone _____ mobile _____

email _____

name _____

address _____

_____

home phone _____ mobile _____

email _____

name _____

address _____

_____

home phone _____ mobile _____

email _____

name _____

address _____

_____

home phone _____ mobile _____

email _____

Q

name _____
address _____
_____
home phone _____ mobile _____
email _____

name _____
address _____
_____
home phone _____ mobile _____
email _____

name _____
address _____
_____
home phone _____ mobile _____
email _____

name _____
address _____
_____
home phone _____ mobile _____
email _____

name _____
address _____
_____
home phone _____ mobile _____
email _____

R

name _____
address _____
_____
home phone _____ mobile _____
email _____

name _____
address _____
_____
home phone _____ mobile _____
email _____

name _____
address _____
_____
home phone _____ mobile _____
email _____

name _____
address _____
_____
home phone _____ mobile _____
email _____

name _____
address _____
_____
home phone _____ mobile _____
email _____

R

name _____

address _____

_____

home phone _____ mobile _____

email _____

name _____

address _____

_____

home phone _____ mobile _____

email _____

name _____

address _____

_____

home phone _____ mobile _____

email _____

name _____

address _____

_____

home phone _____ mobile _____

email _____

name _____

address _____

_____

home phone _____ mobile _____

email _____

R

name _____

address _____

_____

home phone _____ mobile _____

email _____

name _____

address _____

_____

home phone _____ mobile _____

email _____

name _____

address _____

_____

home phone _____ mobile _____

email _____

name _____

address _____

_____

home phone _____ mobile _____

email _____

name _____

address _____

_____

home phone _____ mobile _____

email _____

R

name _____
address _____
_____
home phone _____ mobile _____
email _____

name _____
address _____
_____
home phone _____ mobile _____
email _____

name _____
address _____
_____
home phone _____ mobile _____
email _____

name _____
address _____
_____
home phone _____ mobile _____
email _____

name _____
address _____
_____
home phone _____ mobile _____
email _____

S

name _____

address _____

_____

home phone _____ mobile _____

email _____

name _____

address _____

_____

home phone _____ mobile _____

email _____

name _____

address _____

_____

home phone _____ mobile _____

email _____

name _____

address _____

_____

home phone _____ mobile _____

email _____

name _____

address _____

_____

home phone _____ mobile _____

email _____

S

name ___ SHERRIE _____
address _____
_____
home phone _____ mobile 0744 348 93 03
email _____

name _____
address _____
_____
home phone _____ mobile _____
email _____

name _____
address _____
_____
home phone _____ mobile _____
email _____

name _____
address _____
_____
home phone _____ mobile _____
email _____

name _____
address _____
_____
home phone _____ mobile _____
email _____

S

name _____

address _____

_____

home phone _____ mobile _____

email _____

name _____

address _____

_____

home phone _____ mobile _____

email _____

name _____

address _____

_____

home phone _____ mobile _____

email _____

name _____

address _____

_____

home phone _____ mobile _____

email _____

name _____

address _____

_____

home phone _____ mobile _____

email _____

Illustration of *Rosa canina*, from Henry Charles Andrews's 'Roses: or a monograph of the genus *Rosa*'.
Volume 1, 1805-1828

S

name _____

address _____

_____

home phone _____ mobile _____

email _____

name _____

address _____

_____

home phone _____ mobile _____

email _____

name _____

address _____

_____

home phone _____ mobile _____

email _____

name _____

address _____

_____

home phone _____ mobile _____

email _____

name _____

address _____

_____

home phone _____ mobile _____

email _____

S

name _____

address _____

_____

home phone _____ mobile _____

email _____

name _____

address _____

_____

home phone _____ mobile _____

email _____

name _____

address _____

_____

home phone _____ mobile _____

email _____

name _____

address _____

_____

home phone _____ mobile _____

email _____

name _____

address _____

_____

home phone _____ mobile _____

email _____

T

name _____

address _____

_____

home phone _____ mobile _____

email _____

name _____

address _____

_____

home phone _____ mobile _____

email _____

name _____

address _____

_____

home phone _____ mobile _____

email _____

name _____

address _____

_____

home phone _____ mobile _____

email _____

name _____

address _____

_____

home phone _____ mobile _____

email _____

name TONY & LIN DIAMOND

address

home phone 01273 389963 mobile 075 33 60 96 96

email

name

address

home phone _____ mobile

email

name

address

home phone _____ mobile

email

name

address

home phone _____ mobile

email

name

address

home phone _____ mobile

email

T

name _____
address _____
_____
home phone _____ mobile _____
email _____

name _____
address _____
_____
home phone _____ mobile _____
email _____

name _____
address _____
_____
home phone _____ mobile _____
email _____

name _____
address _____
_____
home phone _____ mobile _____
email _____

name _____
address _____
_____
home phone _____ mobile _____
email _____

T

name _____
address _____
_____
home phone _____ mobile _____
email _____

name _____
address _____
_____
home phone _____ mobile _____
email _____

name _____
address _____
_____
home phone _____ mobile _____
email _____

name _____
address _____
_____
home phone _____ mobile _____
email _____

name _____
address _____
_____
home phone _____ mobile _____
email _____

T

name _____

address _____

_____

home phone _____ mobile _____

email _____

name _____

address _____

_____

home phone _____ mobile _____

email _____

name _____

address _____

_____

home phone _____ mobile _____

email _____

name _____

address _____

_____

home phone _____ mobile _____

email _____

name _____

address _____

_____

home phone _____ mobile _____

email _____

T

name _____

address _____

_____

home phone _____ mobile _____

email _____

name _____

address _____

_____

home phone _____ mobile _____

email _____

name _____

address _____

_____

home phone _____ mobile _____

email _____

name _____

address _____

_____

home phone _____ mobile _____

email _____

name _____

address _____

_____

home phone _____ mobile _____

email _____

U

name _____

address _____

_____

home phone _____ mobile _____

email _____

name _____

address _____

_____

home phone _____ mobile _____

email _____

name _____

address _____

_____

home phone _____ mobile _____

email _____

name _____

address _____

_____

home phone _____ mobile _____

email _____

name _____

address _____

_____

home phone _____ mobile _____

email _____

Illustration of *Rosa floribunda*, from Henry Charles Andrews's 'Roses: or a monograph of the genus *Rosa*', 1805-1828

U

name _____

address _____

_____

home phone _____ mobile _____

email _____

name _____

address _____

_____

home phone _____ mobile _____

email _____

name _____

address _____

_____

home phone _____ mobile _____

email _____

name _____

address _____

_____

home phone _____ mobile _____

email _____

name _____

address _____

_____

home phone _____ mobile _____

email _____

V

name _____

address _____

_____

home phone _____ mobile _____

email _____

name _____

address _____

_____

home phone _____ mobile _____

email _____

name _____

address _____

_____

home phone _____ mobile _____

email _____

name _____

address _____

_____

home phone _____ mobile _____

email _____

name _____

address _____

_____

home phone _____ mobile _____

email _____

V

name _____
address _____
_____
home phone _____ mobile _____
email _____

name _____
address _____
_____
home phone _____ mobile _____
email _____

name _____
address _____
_____
home phone _____ mobile _____
email _____

name _____
address _____
_____
home phone _____ mobile _____
email _____

name _____
address _____
_____
home phone _____ mobile _____
email _____

name _____
address _____
_____

home phone _____ mobile _____
email _____

name _____
address _____
_____

home phone _____ mobile _____
email _____

name _____
address _____
_____

home phone _____ mobile _____
email _____

name _____
address _____
_____

home phone _____ mobile _____
email _____

name _____
address _____
_____

home phone _____ mobile _____
email _____

name _____

address _____

_____

home phone _____ mobile _____

email _____

name _____

address _____

_____

home phone _____ mobile _____

email _____

name _____

address _____

_____

home phone _____ mobile _____

email _____

name _____

address _____

_____

home phone _____ mobile _____

email _____

name _____

address _____

_____

home phone _____ mobile _____

email _____

Hand-coloured engraved plate entitled *Veronica derwentia* by Henry Andrews from 'The Botanist's Repository, for New, and Rare Plants', 1797-1812

name _____

address _____

_____

home phone _____ mobile _____

email _____

name _____

address _____

_____

home phone _____ mobile _____

email _____

name _____

address _____

_____

home phone _____ mobile _____

email _____

name _____

address _____

_____

home phone _____ mobile _____

email _____

name _____

address _____

_____

home phone _____ mobile _____

email _____

Y

name _____

address _____

_____

home phone _____ mobile _____

email _____

name _____

address _____

_____

home phone _____ mobile _____

email _____

name _____

address _____

_____

home phone _____ mobile _____

email _____

name _____

address _____

_____

home phone _____ mobile _____

email _____

name _____

address _____

_____

home phone _____ mobile _____

email _____

Y

name _____

address _____

_____

home phone _____ mobile _____

email _____

name _____

address _____

_____

home phone _____ mobile _____

email _____

name _____

address _____

_____

home phone _____ mobile _____

email _____

name _____

address _____

_____

home phone _____ mobile _____

email _____

name _____

address _____

_____

home phone _____ mobile _____

email _____

Z

name _____

address _____

_____

home phone _____ mobile _____

email _____

name _____

address _____

_____

home phone _____ mobile _____

email _____

name _____

address _____

_____

home phone _____ mobile _____

email _____

name _____

address _____

_____

home phone _____ mobile _____

email _____

name _____

address _____

_____

home phone _____ mobile _____

email _____

page 2: Ink drawing of *Iris unguicularis* (*Iris stylosa*) by Graham Stuart Thomas, pre 1987
page 3: Ink drawing of *Helleborus niger* by Graham Stuart Thomas, pre 1987

First published in 2020 by Frances Lincoln Publishing,
an imprint of The Quarto Group.
The Old Brewery, 6 Blundell Street
London, N7 9BH, United Kingdom
www.QuartoKnows.com

ISBN: 978-0-7112-4734-5
Design by Sarah Pyke

Printed in China

2 3 4 5 6 7 8 9 10